Cómo controlar el pensamiento excesivo

SERIE INTELIGENCIA EMOCIONAL DE HBR

I0869472

Serie Inteligencia Emocional de HBR

Cómo ser más humano en el entorno profesional

Esta serie sobre inteligencia emocional, extraída de artículos de la *Harvard Business Review*, presenta textos cuidadosamente seleccionados sobre los aspectos humanos de la vida laboral y personal. Estas lecturas, estimulantes y prácticas, ayudan a conseguir el bienestar emocional en el trabajo.

Mindfulness
Resiliencia
Felicidad
Empatía
El auténtico liderazgo
Influencia y persuasión
Cómo tratar con gente difícil
Liderazgo (Leadership Presence)
Propósito, sentido y pasión
Autoconciencia
Focus
Saber escuchar
Confianza
Poder e influencia
IE Virtual
Energía y motivación
Buenos hábitos
Inclusión
Perseverancia
Gestiona la ansiedad
Curiosidad
Seguridad psicológica
Positividad y crecimiento
Conversaciones difíciles

Otro libro sobre inteligencia emocional de la *Harvard Business Review*:

Inteligencia Emocional, 3ª edición

Cómo controlar el pensamiento excesivo

SERIE INTELIGENCIA EMOCIONAL DE HBR

Reverté Management
Barcelona · México

Harvard Business Review Press
Boston, Massachusetts

Descuentos y ediciones especiales

Los títulos de Reverté Management (REM) se pueden conseguir con importantes descuentos cuando se compran en grandes cantidades para regalos de empresas y promociones de ventas. También se pueden hacer ediciones especiales con logotipos corporativos, cubiertas personalizadas o con fajas y sobrecubiertas añadidas.

Para obtener más detalles e información sobre descuentos tanto en formato impreso como electrónico, póngase en contacto con revertemanagement@reverte.com o llame al teléfono (+34) 93 419 33 36.

Cómo controlar el pensamiento excesivo
Serie Inteligencia Emocional de HBR
Managing overthinking
HBR Emotional Intelligence Series

Original work copyright © 2025
Harvard Business School Publishing Corporation
All rights reserved.

© Editorial Reverté, S. A., 2025
Loreto 13-15, Local B. 08029 Barcelona – España
revertemanagement.com

Fecha de publicación: julio 2025

Edición en papel
ISBN: 978-84-10121-27-0

Edición ebook
ISBN: 978-84-291-9883-6 (ePub)
ISBN: 978-84-291-9884-3 (PDF)

Editores: Ariela Rodríguez / Ramón Reverté
Coordinación editorial y maquetación: Patricia Reverté
Traducción: Betty Trabal
Revisión de textos: Mariló Caballer Gil

Estimado lector, con la compra de ediciones autorizadas de este libro estás promoviendo la creatividad y favoreciendo el desarrollo cultural, la diversidad de ideas y la difusión del conocimiento. Al no reproducir, escanear ni distribuir ninguna parte de esta obra por ningún medio sin permiso estás respetando la protección del copyright y actuando como salvaguarda de las creaciones literarias y artísticas, así como de sus autores, permitiendo que Reverté Management continúe publicando libros para todos los lectores. En el caso que necesites fotocopiar o escanear algún fragmento de este libro, dirígete a CEDRO (Centro Español de Derechos Reprográficos, http://www.cedro.or). Gracias por tu colaboración.

Impreso en España – *Printed in Spain*
Depósito legal: B 11703-2025
Impresión: Liberdúplex
Barcelona – España

#142

Contenidos

Cómo controlar el pensamiento excesivo

SERIE INTELIGENCIA EMOCIONAL DE HBR

1

Tres tipos de pensamiento excesivo, y cómo abordarlos

Melody Wilding

En el actual mundo laboral, no son pocas las situaciones que nos hacen pensar en exceso. Quizá estemos preocupados por las implicaciones de una nueva tendencia en el mercado, quizá nos angustie el tono del email de un cliente importante o estemos perdiendo el sueño por la reacción de un empleado ante un comentario que se ha hecho. Lo cierto es que las situaciones en las que los líderes pueden quedar atrapados en sus propios pensamientos son infinitas.

Puesto que ahora tenemos más información y más exigencias que nunca, no es de extrañar que entre la mitad y tres cuartas partes de las personas adultas hayan confesado que piensan demasiado. Tras más de una década asesorando a profesionales de algunas de las empresas más importantes del mundo, he podido constatar un patrón común: muchas de las personas que transmiten una imagen de éxito suelen liar demasiado las cosas, añadiendo una complejidad innecesaria a sus decisiones y deliberando mucho más de lo preciso. Esta tendencia se da sobre todo en un grupo de personas al que denomino «luchadores sensibles», que son quienes están programados para procesar más detalladamente el mundo que les rodea y, a menudo, son sus críticos más duros.

El hecho de pensar en exceso, además de ser agotador, puede llegar a generar ansiedad y burnout si no se controla, sin contar con las consecuencias que ello acarrea a largo plazo para las propias organizaciones. La toma de decisiones se ralentiza, se pierden oportunidades y se asienta una cultura de aversión al riesgo que frena el crecimiento de una empresa.

Es evidente que urgen soluciones más efectivas para superar esta tendencia en las empresas, pero para abordar íntegramente esta cuestión es importante, en primer lugar, reconocer y entender que hay tres tipos de pensamiento excesivo: la rumiación, la anticipación al futuro y el sobreanálisis. Conociéndolos, es posible desarrollar unas estrategias específicas para crear cambios significativos y duraderos tanto en los trabajadores como en las organizaciones para las que trabajan.

Aquí tienes cómo identificar y manejar cada una de estas tres formas de pensamiento obsesivo.

La rumiación

La rumiación es entrar en un bucle mental en el que te concentras en sucesos pasados que son particularmente negativos o angustiosos. Las personas que rumian suelen quedarse atrapadas en una espiral de arrepentimiento, culpa y en escenarios del tipo «habría, debería, podría...». Repasan aquello que ha salido mal culpándose a sí mismas. Un aspecto clave de la rumiación es mirar el pasado y quedarse atrapado en él.

Síntomas

- Te obsesionas con los comentarios negativos.
- Muy a menudo sacas a relucir fracasos, contratiempos o errores del pasado en tus conversaciones.
- Eres excesivamente precavido y revisas dos o tres veces tu trabajo para evitar errores.

Cómo abordar la rumiación

Aunque parezca contradictorio, resulta útil programar un «tiempo para preocuparse».[1] En lugar de dejar que las elucubraciones se prolonguen durante todo el día, limítalas a un margen de tiempo manejable —normalmente, de no más de 15 o 30 minutos al día—. Elige el momento del día que mejor te vaya —pero no antes de irte a dormir— y un lugar específico, que puede ser en un sillón o una habitación determinada o incluso en un parque. Divide tus preocupaciones en dos categorías: las controlables y las incontrolables. Ante las preocupaciones que están bajo tu control haz una lluvia de ideas de posibles acciones o soluciones. Por ejemplo, si estás preocupado por cumplir un plazo, una de las soluciones podría ser rechazar otros compromisos. Cada que vez que te surja una preocupación incontrolable intenta visualizarla, imagina que la colocas en un globo y, luego, la dejas volar.

Si te reservas un tiempo para abordar este tipo de pensamientos, no estarás luchando constantemente para ahuyentarlos. Simplemente, los estás posponiendo para tratarlos en un momento más oportuno. Si esos quebraderos de cabeza afloran en un momento que no es el asignado para ello, recuérdatelo a ti mismo: «Ahora no, ya me ocuparé de esto más tarde». Así, serás más consciente de tus patrones de pensamiento y podrás controlarlos mejor.

La anticipación al futuro

En este caso, en lugar de quedarse atrapados en el pasado, se trata de personas que se preocupan en exceso por lo que puede ocurrir. Aunque cierto grado de anticipación es beneficioso y necesario, la preocupación obsesiva por el futuro puede escalar hasta el punto de convertirse en un obstáculo. La constante incertidumbre sobre lo que va a suceder, el miedo al fracaso y a lo desconocido pueden convertirse en una forma especialmente difícil de pensamiento excesivo.

Síntomas

- Inviertes demasiada energía planificando todas las situaciones posibles y preparándote para poder afrontar cualquier eventualidad.
- Te cuesta disfrutar de los éxitos porque siempre estás pensando en qué va a venir después.

- Sueles sentirte inquieto o nervioso repasando mentalmente una interminable lista de tareas pendientes.

Cómo abordar la anticipación al futuro

Utiliza esa capacidad para adelantarte a los acontecimientos a tu favor. Proyéctate mentalmente hacia el futuro, más allá de tus preocupaciones actuales.

Por ejemplo, Caelin, director de marketing, está preocupado por el lanzamiento de un nuevo producto. Se debe realizar en un plazo de tiempo muy ajustado, las expectativas son altas y su equipo está sometido a mucha presión. Le inquieta la estrategia de la campaña, la sobrecarga de trabajo para su equipo y las posibles reacciones del cliente.

Caelin se refugia en una sala de conferencias vacía durante su pausa para comer. Cierra los ojos y se imagina a sí mismo dentro de cinco años, ocupando un puesto de mayor responsabilidad y reflexionando sobre su trayectoria profesional. Desde esta perspectiva futura, Caelin se da cuenta de que el lanzamiento de ese producto solo fue uno más entre los múltiples proyectos que ha dirigido. Consigue verlo desde otra perspectiva; y entiende que, aunque es un momento importante, no es decisivo para su carrera. Recuerda que algunos aspectos no salieron como había planeado, pero el equipo supo adaptarse y aprendió de la experiencia.

Esta estrategia, conocida como «distanciamiento temporal», reduce la inmediatez y la intensidad de tus preocupaciones, y te ayuda a concentrarte en el presente con una mentalidad más tranquila y equilibrada.[2]

También puedes practicar la «ignorancia selectiva», que consiste en reducir tu exposición a factores de estrés innecesarios.[3] Selecciona bien la información que consumes, sobre todo la que proviene de fuentes de noticias y redes sociales. Identifica los desencadenantes que intensifican tu tendencia a anticiparte al futuro, como las actualizaciones sobre las constantes fluctuaciones del mercado, las predicciones de la industria, o la revisión constante de los indicadores clave de rendimiento o las cuentas financieras. Si hay actualizaciones o datos que no tienen nada que ver con tu trabajo del día o con tus o decisiones inmediatas, no son necesarios. Da prioridad a la información sobre la que puedes actuar.

El sobreanálisis

Mientras que la rumiación y la anticipación al futuro van ligadas al tiempo —una mira al pasado, y la otra al futuro—, el sobreanálisis hace referencia a profundizar en los detalles. Consiste en centrarse demasiado en los pormenores de un tema, un pensamiento o una situación. Aunque en algunos casos esto puede desencadenar ideas relevantes, lo más normal es que te estanques examinando detalles que son totalmente irrelevantes.

Síntomas

- Procrastinas o retrasas la toma de decisiones porque necesitas seguir investigando.
- A menudo buscas la aprobación de los demás, porque no confías lo suficiente en tu propio análisis.
- Te cuesta distinguir entre las tareas prioritarias y las que no lo son, por lo que se amplía tu lista de decisiones pendientes.

Cómo abordar el sobreanálisis

En lugar de esforzarte por encontrar la solución perfecta, intenta conseguir una que sea lo «suficientemente buena» a partir de un enfoque «satisfactorio». Si una decisión cumple los criterios establecidos y es satisfactoria, debes seguir adelante con ella, aunque exista una opción potencialmente mejor. Compara esto con los *maximizadores*, que analizan cualquier opción posible y buscan siempre mejores alternativas, tratos o resultados, en detrimento propio. A la hora de tomar decisiones, los *maximizadores* tienden a analizar en exceso, a no estar nunca satisfechos con los resultados y a compararse negativamente con los demás.[4]

Los criterios clave de decisión —principios, pautas o requisitos— te ayudan a dar prioridad a las variables que tienen más peso en una decisión. Tus criterios de decisión pueden ser profesionales o personales. Por ejemplo, supongamos que te has estancado analizando si vas a ofrecer, o no, una nueva prestación de tu producto o servicio. En este caso, los criterios clave de decisión incluirían factores como el costo, la rentabilidad, el esfuerzo, el nivel de riesgo o el grado de incidencia. Ahora, supongamos que estás planteándote una decisión personal, como cambiarte de trabajo. Podrías tener en cuenta algunos factores, como si tus capacidades se adecúan al nuevo puesto, el salario o si ese trabajo encaja con tus aspiraciones futuras. Selecciona tres criterios como máximo, siendo uno de ellos más importante que los demás. En el caso de una toma de decisiones grupal, entre todos haréis una lluvia de ideas y acordaréis qué criterios vais a tener en cuenta.

Es importante recordar que el objetivo no es eliminar cualquier tipo de reflexión profunda, sino evitar caer en una espiral de pensamiento improductivo. Detectar el tipo de pensamiento excesivo en el que tú o tu equipo estáis entrando es el primer paso para librarse de sus garras; sobre todo, cuando es imprescindible tomar una decisión rápida, pero bien analizada.

MELODY WILDING es coach de ejecutivos y autora de *Trust Yourself: Stop Overthinking and Channel Your Emotions for Success at Work.*

Notas

1. A. Dippel, J. F. Brosschot y B. Verkuil, «Effects of Worry Postponement on Daily Worry: A Meta-Analysis», Journal of Cognitive Therapy 17 (2024): 160-178: acortar.link/OzWHNH.

2. D. Benkley, E. C. Willroth, O. Ayduk, O. P. John y I. B. Mauss, «Short-Term Implications of Long-Term Thinking: Temporal Distancing and Emotional Responses to Daily Stressors», Emotion 23, n.º 2 (2023): 595-599: acortar.link/6xITeD.
3. Anne-Laure Le Cunff, «Selective Ignorance: Cultivating Intentional Knowledge in a Chaotic World», Ness Labs, 2022: acortar.link/CJhcFN.
4. A. Schwartz, A. Ward, J. Monterosso, S. Lyubomirsky, K. White y D. R. Lehman, «Maximizing versus Satisficing: Happiness Is a Matter of Choice», Journal of Personality and Social Psychology 83, n.º 5 (2022): 1178-1197: acortar.link/4UbRG4.

Adaptación de «3 Types of Overthinking—and How to Overcome Them» en hbr.org, 7 de febrero de 2024 (producto #H080OB).

2

Por qué pensamos más de la cuenta cuando estamos estresados

Sian Beilock

Cuando estaba en el instituto, mi vida era el fútbol. Era una de las porteras del equipo estatal de California, que también formaba parte del Programa de Desarrollo Olímpico (ODP), y sabía que desempeñaba un rol importante. Mis habilidades para evitar un gol podían decidir el resultado del partido. A pesar de lo segura que estaba de mis capacidades, la presencia del entrenador nacional en uno de los partidos bastó para que tuviera una caída en picado. Lo vi observándome. Me puse nerviosa y fallé en un gol decisivo.

Me bloqueé.

Mi historia no es única. Muchos hombres y mujeres de talento han metido la pata en una entrevista de trabajo, han arruinado una presentación o han fallado el tiro decisivo en momentos de alta presión. En estos casos, hay algo que siempre les oirás decir: que estaban demasiado «concentrados». Así es, pero ¿qué significa en realidad?

La corteza prefrontal, que se encuentra en la parte del cerebro situada justo encima de los ojos, es el epicentro de nuestra capacidad cognitiva, responsable de nuestra habilidad para concentrarnos en una determinada tarea. Cuando estamos realizando nuestras tareas habituales, a menudo —de forma inconsciente— no prestamos atención a todos los detalles; nuestra corteza prefrontal está funcionando en gran medida con el piloto automático. Pero en momentos de intenso estrés, como pueden ser un partido eliminatorio, una presentación importante o una entrevista de trabajo, nuestra corteza prefrontal se pone a funcionar a toda velocidad. Cuando nos sentimos presionados, empezamos a pensar en cada detalle de nuestra actuación para tratar de asegurarnos un resultado óptimo y, como resultado, interrumpimos lo que de otro modo habría surgido de forma fluida y natural.

Cuando estamos bajo presión entramos en pánico escénico —pensamos en la situación, sus consecuencias y lo que los demás van a pensar de nosotros— y, como resultado, invertimos demasiada energía cognitiva en lo que estamos haciendo. Le damos demasiadas vueltas a algo que normalmente realizamos de forma natural; en mi caso, por ejemplo, defender la portería de mi equipo.

¿Qué puedes hacer cuando tu corteza prefrontal se descontrola de esta manera?

En primer lugar, cuando estés a punto de enfrentarte a una situación estresante en la que hayas practicado tu rol a la perfección, no pienses demasiado en lo que vendrá a continuación. Cinco minutos antes del gran evento *no* es el mejor momento para repasar mentalmente cada detalle de lo que vas a hacer. En lugar de eso, date un tiempo para concentrarte en cualquier otra cosa: haz un crucigrama o piensa en las vacaciones que te vas a tomar el próximo mes. Lo que a mí más me gusta es ponerme al día con el último número de la revista online *People*. Haz cualquier cosa que te impida obsesionarte con los detalles de tu intervención.

Si ves que estás empezando a darle demasiadas vueltas al tema, canta una canción, repite un mantra de una palabra o concentrarte en los tres puntos clave que quieres transmitir a tu audiencia. Estas acciones absorben esa energía cognitiva que, de no ser así, podría actuar en tu contra. En mi trabajo de investigación, por ejemplo, he podido comprobar que los jugadores de golf de primera categoría aciertan más golpes cuando utilizan estos métodos.[1] Imagínate que estás preparándote para una entrevista de trabajo. Conoces tu currículum a la perfección y, en circunstancias normales, podrías explicar sin dificultad alguna tus puntos fuertes y tus logros. Pero, cuando te sientas ante el entrevistador, te quedas en blanco. Si antes te tomas un tiempo para que tu corteza prefrontal se ocupe de actividades que no tienen nada que ver con el tema, es menos probable que pienses en exceso en el momento de la entrevista, y más probable que expongas tu mensaje de manera efectiva.

Además, puedes acordarte de que, antes de participar en un evento importante, esos síntomas físicos —por ejemplo, el sudor de las manos o las palpitaciones— son una buena señal. Quieren decir que estás preparado para el reto al que vas a enfrentarte. Los estudios demuestran que convertir este tipo de respuestas fisiológicas negativas en positivas puede ayudar a las personas a dar lo mejor de sí mismas cuando más importa.

Es evidente que no puedes ponerte a cantar en medio de una entrevista y que, si estás frente a tu jefe en una reunión o una presentación importantes, no puedes pedirle que se una a ti repitiendo tu mantra. En los momentos en que tengas que ser más discreto, practica estas técnicas interiormente para mantener activada tu corteza prefrontal. Concéntrate en el punto más destacado que quieras transmitir y, cuando veas que intentas controlar cada palabra que sale de tu boca, piensa en el dedo meñique del pie. Esta es una técnica que, según me dijo un psicólogo deportivo, utilizaba el famoso jugador de golf Jack

Nicklaus para evitar concentrarse demasiado en los golpes sencillos.

Estas técnicas solo te ayudarán si estás bien preparado. Por supuesto, distraerte cuando no dominas tu presentación no te salvará de nada. Es esencial que repitas y apliques estas técnicas en condiciones similares. Por ejemplo, si vas a presentarte a un examen de perfeccionamiento profesional, los tests de práctica son la mejor manera de simular este tipo de situaciones. Del mismo modo, en casa puedes cronometrarte mientras respondes a las preguntas para recrear el contexto de la prueba. Para situaciones en las que no se trabaja en solitario —como una presentación o una entrevista— puedes pedir a un pequeño grupo de compañeros de trabajo que te ayuden a hacer la prueba. Si no tienes un público improvisado, grábate practicando tus comentarios o ensaya delante de un espejo. Al haberlo ensayado antes, tu estrés se reducirá cuando llegue el gran momento.

Y, por último, si te bloqueas, recuerda una cosa: no es el fin del mundo. Puede que te sientas decepcionado o, incluso, avergonzado; pero no te preocupes, como casi todo en la vida, es una experiencia de aprendizaje. Aprovecha esa oportunidad para, la próxima vez, saber controlar mejor el estrés.

¿PADECES PREOCUPACIÓN CRÓNICA?

Nicholas Petrie

Presión no significa estrés. Pero la primera se convierte en lo segundo cuando le añades un ingrediente: la rumiación o tendencia a pensar continuamente en sucesos pasados o futuros, asociándolos con emociones negativas. Por supuesto, los líderes deben reflexionar —es decir, planificar el futuro o revisar las lecciones del pasado—, pero esto es un proceso analítico a corto plazo, con consecuencias positivas. En cambio, la rumiación es continua y destructiva,

(Continúa)

¿PADECES PREOCUPACIÓN CRÓNICA?

va deteriorando tu salud, tu productividad y tu bienestar. La preocupación crónica va asociada a un mayor riesgo de enfermedades coronarias y a una depresión del sistema inmunológico. Obsesionarse con el pasado o con el futuro también nos aleja del presente, nos incapacita para concluir el trabajo que tenemos entre manos. Si les preguntas a estas personas cómo se sienten, ninguna te dirá que «feliz». La mayoría se sienten desgraciadas.

Para romper con este hábito que induce al estrés, he aquí cuatro pasos:

Despierta. Hay gente que parece vivir la mayor parte del día en un estado que se conoce como «sueño de vigilia». Es cuando llegas al aparcamiento de la oficina pero no recuerdas el camino que te ha llevado hasta allí, o cuando alguien te pide tu opinión en una reunión pero te has perdido los últimos minutos de la conversación. Puesto que toda rumiación se produce durante ese estado, lo primero que hay que hacer es salir de él. Puedes hacerlo físicamente: levantándote o sentándote, aplaudiendo o moviendo el cuerpo. O puedes hacerlo mentalmente: reconectando con tus sentidos y prestando atención a lo puedes oír, ver, oler, saborear y sentir. La idea es reconectar con el mundo.

Controla tu atención. Cuando rumias, tu atención se queda atrapada en un bucle improductivo, como un hámster en una rueda. Lo que has de hacer es redirigir tus pensamientos hacia otras áreas en las que puedas realizar acciones constructivas. Este es un ejercicio que recomendamos a los ejecutivos: dibuja un círculo en una hoja y escribe dentro de él todas las cosas que puedes controlar o sobre las que puedes influir, y fuera

(Continúa)

¿PADECES PREOCUPACIÓN CRÓNICA?

aquellas en las que no puedes hacer nada. Recuérdate que puedes pensar en asuntos externos —tu trabajo, tu equipo o tu familia— sin angustiarte por ellos.

Pon las cosas en perspectiva. Los que rumian tienden a ser catastrofistas, pero los líderes resilientes mantienen la perspectiva, tanto para sí mismos como para sus equipos. Nosotros les recomendamos que prueben tres técnicas: *contrastar* (comparar una situación estresante del pasado con la actual; por ejemplo, una enfermedad grave frente a la pérdida de una venta), *cuestionar* (pregúntate «¿será muy importante esto dentro de tres años?», «¿qué es lo peor que puede ocurrir?» y «¿cómo lo superaría?»), y, por último, *replantear* (analizar el problema desde otro ángulo: «¿qué oportunidad presenta esta situación que aún no he visto?» o incluso «¿tiene algo de divertido esta situación?»).

Déjalo pasar. Este último paso suele ser el más difícil. Si fuera fácil dejarlo pasar, ya lo habríamos hecho. Hay tres técnicas que nos pueden ayudar a hacerlo. La primera es la *aceptación*: reconocer que, tanto si la situación te gusta como si no, esa es la que hay. La segunda es *aprender la lección*: tu cerebro repasará los acontecimientos hasta que sienta que ha aprendido algo de ellos, así que pregúntate «¿qué he aprendido de esta experiencia?». La tercera es la *acción*: a veces, la solución real no es relajarse, sino hacer algo al respecto; pregúntate «¿qué medidas hay que tomar en este caso?».

Nicholas Petrie es miembro del Center for Creative Leadership e investigador líder y creador de su Change Equation, que enseña a los líderes a cambiar para minimizar el estrés y maximizar los resultados. Trabaja con directores ejecutivos y sus equipos para crear estrategias de resiliencia en sus organizaciones.

Adaptado del contenido publicado en hbr.org, 16 de marzo de 2017.

SIAN BEILOCK es presidente del Dartmouth College, científico cognitivo y autora de dos libros: *Choke: What the Secrets of the Brain Reveal about Getting It Right When You Have To* (2010) y *How the Body Knows Its Mind: The Surprising Power of the Physical Environment to Influence How You Think and Feel* (2015).

Nota

1. Sian L. Beilock y Thomas H. Carr, «On the Fragility of Skilled Performance: What Governs Choking Under Pressure?», *Journal of Experimental Psychology: General* 130, n.º 4 (2001): 701-725: acortar.link/3cXiLK.

Adaptado de «Why Talented People Fail Under Pressure», en hbr.org, 27 de junio de 2019 (producto #H050ZV).

3

Cómo dejar de pensar en el estrés

Jenny Taitz

En una época en la que más del 76 % de los estadounidenses afirman que el estrés afecta a su bienestar, ¿no sería fantástico saber dejar a un lado, al menos temporalmente, aquello que nos estresa?[1] No estoy hablando simplemente de meditar o relajarse; algo que a veces, teniendo en cuenta el mundo en el que vivimos, ni siquiera es posible. Estoy hablando de cambiar nuestra manera de pensar y romper el ciclo del estrés, lo cual *sí* es posible.

Como psicóloga clínica especializada en terapias conductuales basadas en el mindfulness, o atención plena, he descubierto que muchos de mis clientes tienden a entrar en lo que los expertos del estrés denominan *cognición perseverante*, que es una manera elegante de referirse al hábito insano de pensar demasiado, rumiar y preocuparse.[2] Y, aunque parezca lógico deducir que este tipo de pensamiento puede prepararnos mejor para gestionar el estrés, la ciencia indica que en realidad convierte el estrés agudo (la forma en que respondemos a un acontecimiento o una situación concreta) en estrés prolongado, ya que extendemos innecesariamente un hecho pasajero.

Según estudios realizados en la Universidad Estatal de Pensilvania, cuando se nos pide que pensemos en algo que nos ha indignado, aunque haya sucedido hace décadas, el cuerpo revive el impacto total del evento, elevando la tensión arterial en tiempo real.[3] Otra forma de mantener los factores estresantes en nuestra mente es cuando para desahogarnos no paramos de contar nuestras frustraciones. Dado que la cognición perseverante recrea toda la tensión que acompañó a problemas del pasado, no es de extrañar que este hábito vincule acontecimientos angustiosos con las secuelas del estrés crónico.[4]

La buena noticia es que mejorar tu capacidad para vivir el presente te permitirá dejar de lado esos problemas estresantes que no puedes resolver de inmediato, ya sea un contratiempo persistente en el trabajo o un conflicto personal. «Podemos tener factores estresantes crónicos que no tengan un impacto vital, y podemos tener factores estresantes agudos que sí lo tengan», explica el psicólogo George Slavich, profesor de la Universidad de California, Los Ángeles, y director del Laboratorio de Evaluación e Investigación del Estrés.

Para motivar a mis pacientes a que aborden el hábito de pensar en exceso, suelo explicarles una historia que le escuché contar a Sharon Salzberg, autora de éxitos del *New York Times* y profesora de meditación. A un hombre que estaba haciendo senderismo en Nepal le salió una ampolla en el pie. Mientras caminaba, en vez de disfrutar del paisaje, anticipaba el dolor que iba a sentir antes de cada paso, sentía la punzada al apoyar el pie y luego revivía el dolor entre paso y paso, por lo que la experiencia se hacía mucho más desagradable. En nuestra vida, también podemos experimentar el dolor de nuestros factores estresantes una o varias veces, en lugar de centrarnos en la paz del momento presente. Para empezar a abordar el pensamiento excesivo y aprender a desembarazarse del estrés más a menudo, recomiendo estas cuatro estrategias:

Cuatro estrategias que te ayudarán a liberarte del estrés

Unos cuantos ejercicios sencillos te ayudarán a ganar perspectiva —y distanciarte— de los factores estresantes.

1. Ánclate

La próxima vez que tu pensamiento te lleve por el mal camino, párate un momento y siente tus pies en el suelo, luego hazte estas preguntas: *¿Qué estoy* *pensando? ¿Qué estoy sintiendo en mi cuerpo ahora mismo? ¿Qué estoy haciendo ahora mismo?* Después, cuestiónate: *En este momento, ¿me están ayudando mis pensamientos?*

Por ejemplo, si cuando te estás preparando para ir a la cama repasas la agenda del día siguiente y el ajetreado día que te espera, este ejercicio de anclaje te ayudará a concentrarte en lo que estás haciendo para evitar caer en un estado mental que te induzca al insomnio. Al fin y al cabo, perder horas de sueño lo único que aporta es dificultar tu rendimiento al día siguiente. Esta técnica de anclaje, que se enseña en un programa conocido como Protocolo Unificado, ha sido desarrollada por el doctor David Barlow (profesor emérito de la Universidad de Boston) y sus colaboradores tras años de investigación, y se utiliza para tratar las afecciones que pueden ser alimentadas por el pensamiento excesivo, como la depresión y la ansiedad.[5] Por supuesto, para anclarte has de esforzarte y estar dispuesto a hacerlo, pero es una buena manera de tomar conciencia de dónde estás; y es tan rápida que puedes practicarla varias veces al día.

2. *No te tomes tan en serio tus pensamientos*

En una conferencia a la que asistí hace unos años, un académico a quien admiraba se me acercó y me preguntó si querría dar alguna charla. Sin dudarlo, le respondí: «Hablar en público nunca ha sido mi fuerte», a lo que él replicó: «¿Le has dado las gracias a tu mente por darte esta idea?». Su respuesta me hizo sonreír, también es un buen ejemplo de esta segunda técnica.

Muy a menudo, la mayoría de las cosas que pensamos sobre nosotros mismos no nos ayudan en nada ni nos empoderan. Así que, en lugar de permitir que esos pensamientos dirijan nuestra vida, podemos utilizar la *defusión cognitiva* —es decir, tomarnos menos en serio nuestros pensamientos—, para de manera consciente distanciarnos y ampliar nuestra perspectiva.[6]

Porque, al fin y al cabo, ¿qué son los pensamientos? Son meros patrones de ideas, no verdades absolutas.

En una ocasión compartí esta historia con un paciente y se puso a cantar: *«¿Qué son los pensamientos? Los pensamientos no pueden herirme... no pueden herirme jamás...»*, al son de la canción *What Is Love?* de Haddaway. Es más difícil quedarse atrapado en la rumiación si moldeas tus pensamientos como si fueran de plastilina, y no de cemento.

3. Aprende a convivir con la incertidumbre

Una de las razones por las que pensar en exceso resulta tentador es la ilusión de que, repasando todos los posibles desastres de la vida, podrás anticiparlos y evitarlos y, de esta manera, sentirás menos estrés. Pero, irónicamente, no aceptar la incertidumbre en realidad predice problemas de ansiedad y psicológicos.[7]

Como alternativa, me encanta poder aceptar de buen grado aquello que sucede en cada momento, incluso lo desconocido. Para ello, presta atención a cuando estás pensando algo como «¡esto tengo que saberlo!» o «seguro que va a pasar lo peor». Cuando esto ocurra, intenta concentrarte en el momento presente con curiosidad y amplitud de miras, y deja de repasar las múltiples situaciones posibles mientras relajas tu mandíbula, el rostro y las manos —acciones físicas que favorecen la apertura mental—.

De nada sirve invertir nuestro tiempo libre en agotadores juegos de adivinanzas para predecir el futuro. Como dice el Michel Dugas, profesor de psicología en la Universidad de Quebec: «Una infinidad de cosas malas pueden suceder —aunque la mayoría son improbables— y, simplemente, nadie es capaz de anticiparlas todas».

Aprender a convivir con la incertidumbre conlleva sentir algo de miedo, pero la alternativa es tratar de microcontrolar la realidad, algo que sencillamente es imposible. Aceptando nuestras emociones también dejamos claro que, a diferencia del estado de rumiación que puede atraparnos en sus garras durante horas, los sentimientos son bastante pasajeros cuando vivimos el presente.

4. Utiliza la autovalidación

Muchas veces, los asuntos sin resolver con quienes nos relacionamos a diario pueden alimentar el pensamiento excesivo. Quizá un cliente te haya dicho algo desagradable o un posible empleador te haya dejado plantado tras varias rondas de entrevistas y no hayas podido confrontarlo con ellos directamente. Es probable que caigas en la tentación de reproducir el suceso en tu mente —añadiendo tus propias respuestas de desprecio— como una forma de llevar a cabo esa conversación que te habría gustado tener. Yo misma lo hago, y también muchos de mis pacientes.

Revivir una situación injusta una y otra vez puede parecer una forma de justificar nuestro enfado y de tener voz en el asunto. El problema es que estas conversaciones mentales que en la realidad nunca tendrás lo único que hacen es dilatar tu malestar. En vez de ello, prueba una estrategia que se suele utilizar en la terapia dialéctico conductual conocida como *autovalidación*. Se trata de una técnica desarrollada por la doctora Marsha Linehan, profesora emérita de la Universidad de Washington, en la que legitimas tus emociones y dejas atrás los bucles dolorosos. Por ejemplo, podrías pensar algo como «esto no es lo que esperaba, claro que estoy enfadado y triste»; lo cual puede ayudarte a aliviar un poco la pena, en lugar de recrear una y otra vez la injusticia y mantener tu malestar en su máxima intensidad.

Si practicas estas cuatro técnicas, podrás mejorar tu *flexibilidad psicológica*, un término acuñado por el doctor Steven Hayes, que desarrolló la terapia de aceptación y compromiso. Los estudios han revelado que la flexibilidad psicológica es algo fundamental para adaptarse a la vida y a sus múltiples complejidades.[8] Lo único imprescindible para ello es que seas consciente de tus pensamientos y que te abras a tus emociones mientras persistes en avanzar hacia lo que te importa.

JENNY TAITZ es psicóloga clínica diplomada en la terapia cognitivo conductual y en la dialéctico conductual, y profesora clínica adjunta de psiquiatría en UCLA. Es autora de *Stress Resets: How to Soothe Your Body and Mind in Minutes*.

Notas

1. «Stress in America 2022: Concerned for the Future, Beset by Inflation», American Psychological Association, 2022: acortar.link/D7G0C1.
2. A. Ottaviani, J. F. Thayer, B. Verkuil, *et al.*, «Physiological Concomitants of Perseverative Cognition: A Systematic Review and Meta-Analysis», *Psychological Bulletin* 142, n.º 3 (2016), 231-259: doi.org/10.1037/bul0000036.
3. W. Gerin, M. J. Zawadzki, J. F. Brosschot, *et al.*, «Rumination as a Mediator of Chronic Stress Effects on Hypertension: A Causal Model», *International Journal of Hypertension* (2012), 453-465: doi.org/10.1155/2012/453465.
4. Ottaviani, Thayer, Verkuil, *et al.*, «Physiological Concomitants of Perseverative Cognition: A Systematic Review and Meta-Analysis».
5. D. H. Barlow, T. J. Farchione, J. R. Bullis, *et al.*, «The Unified Protocol for Transdiagnostic Treatment of Emotional Disorders Compared with Diagnosis-Specific Protocols for Anxiety Disorders: A Randomized Clinical Trial», *JAMA Psychiatry* 74, n.º 9 (2017), 875-884: doi.org/10.1001/jamapsychiatry.2017.2164.
6. A. Masuda, A. B. Feinstein, J. W. Wendell y S. T. Sheehan, «Cognitive Defusion versus Thought Distraction: A Clinical Rationale, Training, and Experiential Exercise in Altering Psychological Impacts of Negative Self-Referential Thoughts», *Behavior Modification* 34, n.º 6 (2010), 520-538: doi.org/10.1177/0145445510379632.

7. J. F. Boswell, J. Thompson-Hollands, T. J. Farchione y D. H. Barlow, «Intolerance of Uncertainty: A Common Factor in the Treatment of Emotional Disorders», *Journal of Clinical Psychology* 69, n.º 6 (2013), 630-645: doi.org/10.1002/jclp.21965.
8. S. C. Hayes, J. Ciarrochi, S. G. Hofmann, F. Chin y B. Sahdra, «Evolving an Idionomic Approach to Processes of Change: Towards a Unified Personalized Science of Human Improvement», *Behaviour Research and Therapy* 156 (2022), 104-155: doi.org/10.1016/j.brat.2022.104155.

Adaptado del contenido publicado en hbr.org., 30 de enero de 2024 (producto #H07ZG9).

4

Cómo gestionar nuestro diálogo interno

Una entrevista de Alison Beard a Ethan Kross

Muchos de nosotros pensamos demasiado, somos incapaces de dejar de darle vueltas a las cosas, de rumiar. Esta tendencia puede quitarnos el sueño, destruir nuestra productividad y no dejarnos fluir. Nos pasamos horas y horas pensando en qué podríamos haber hecho para evitar algo, qué podemos hacer a partir de ahora para enmendarlo y qué consecuencias tendrá en el futuro. Es un hábito agotador, pero existen algunas herramientas que pueden ayudarnos a apaciguar y gestionar nuestro diálogo interno.

Ethan Kross es profesor de psicología en la Ross School of Business de la Universidad de Michigan, donde dirige el Laboratorio de Emoción y Autocontrol. Ha estado años tratando a personas con tendencia a pensar en exceso, desde un lanzador de béisbol de la MLB (grandes ligas de béisbol) cuyos lapsus eran tan graves que no podía lanzar un strike, hasta un estudiante de la Liga Ivy que en su camino hacia una carrera prometedora seguía sufriendo el síndrome del impostor. También ha emprendido y revisado cientos de experimentos para aprender cómo ayudar a estas personas. En esta entrevista, Ethan habla de cómo calmar nuestra voz interior, cómo dejar de preocuparnos y de rumiar, y cómo retomar el camino.

Alison Beard: *¿Por qué los seres humanos hablamos con nosotros mismos?*

Ethan Kross: En el nivel más básico, hablamos con nosotros mismos cuando queremos retener fragmentos de información en nuestra mente. Y para ello usamos nuestra voz interior. Esta voz interior forma parte de lo que conocemos como *memoria de trabajo verbal*. Se trata de un sistema básico que empleamos diariamente para desenvolvernos en la vida. Por ejemplo, si le doy mi número de teléfono a alguien y le pido que lo memorice, lo normal es que repita esa serie de números en su cabeza.

También utilizamos nuestra voz interior para hacer muchas otras cosas, como simular o planificar el futuro. Y, tal vez lo más interesante, la empleamos para dar sentido a nuestras experiencias en el mundo —para crear historias que nos digan quiénes somos— o cuando afrontamos problemas y queremos entenderlos.

A veces, intentamos usar esta herramienta para manejar nuestros problemas, pero nos supera y nos quedamos bloqueados. Esto es lo que nos hace caer en el lado oscuro de nuestra voz interior, o lo que yo llamo «chatter» o «cháchara», que es cuando nos quedamos atrapados en una espiral de pensamientos negativos.

Aunque es cierto que la cháchara tiene su lado bueno, ¿podría hablarme de sus efectos negativos?

En mi libro hablo de tres ámbitos importantes en los que ese tipo de diálogo interno puede tener efectos negativos. El primer ámbito es el pensamiento y el rendimiento en el trabajo, donde la cháchara dificulta mucho pensar con claridad y rendir. Una de las razones por las que esto ocurre es porque tenemos una capacidad limitada para concentrarnos en un momento determinado. Y, cuando la cháchara consume nuestros recursos atencionales, no podemos centrarnos en lo que estamos haciendo mientras trabajamos.

El segundo ámbito es nuestra vida social. Los estudios demuestran que la cháchara puede crear fricciones en nuestras relaciones sociales. Cuando estamos atrapados en el diálogo interno, nos apetece mucho hablar con otras personas sobre lo que nos preocupa. Y, en el otro lado de la ecuación, cuando estás escuchando, ya sea a tu pareja, a un compañero o a tu jefe, a menudo tu capacidad de escucha antes de que empiecen a surgir problemas en la relación es más limitada.

El último ámbito es la salud física. Cuando nos ocurre algo negativo, seguimos pensando en ello una y otra vez, manteniendo activa la respuesta al estrés crónicamente, lo que acaba provocando enfermedades cardiovasculares, problemas de inflamación e incluso ciertos tipos de cáncer. Y es esto precisamente lo que hace esa charla interna repetitiva. Experimentamos los acontecimientos negativos de nuestro entorno —malas noticias, comentarios nocivos— sin procesar la información y seguir adelante. En lugar de ello, seguimos dándole vueltas, manteniendo así nuestra reacción de estrés.

¿Hasta qué punto es habitual que la gente tenga que luchar contra el diálogo interno negativo? ¿Unas personas son más propensas que otras?

La frecuencia con la que experimentamos la charla interna, y su intensidad, varía de una persona a otra. Algunas personas lo experimentan de vez en cuando y en dosis leves. En el otro extremo, están aquellos cuyos episodios de cháchara son muy intensos y persistentes; estos casos suelen estar relacionados con determinados tipos de depresión y ansiedad. Pero, si nos referimos a la charla interna normal y corriente, creo que la mayoría de nosotros la experimentamos a menudo.

¿Hay alguna herramienta que podamos emplear para controlarlo?

Una herramienta que yo suelo emplear es el «diálogo interno a distancia». Se trata de darme consejos a mí mismo como si se los diera a mi mejor amigo, a mi pareja o a mi hijo, y para ello modifico el lenguaje. Cuando me doy cuenta de que estoy sumido en una cháchara, enseguida intento salir de la situación usando mi nombre: «Muy bien, Ethan, ¿cómo vas a gestionar esto?». Y esto me saca de inmediato de esa visión de túnel que caracteriza a la cháchara.

Otra herramienta que utilizo para distanciarme de la cháchara es lo que se denomina *distanciamiento temporal* o viaje mental en el tiempo. Es bastante útil para tratar con los factores estresantes agudos, aquellos factores en los que estás inmerso, pero que tienen una línea de meta. Por ejemplo, cuando estaba ansioso por el tema del COVID y pensaba: «Dios mío, mis hijos todavía no vuelven al colegio. Hago diecisiete reuniones por Zoom cada día. Esto es horrible», podría haber caído fácilmente en una espiral negativa. Sin embargo, decidí meterme en una máquina mental para viajar en el tiempo y pensar en cómo me sentiría dentro de seis meses..., cuando yo y todos mis seres queridos estuviéramos vacunados y pudiera volver a viajar y a pasar el día en la playa con mis hijos y mi mujer. Cuando realizas este ejercicio mental y te imaginas en otro espacio temporal, se hace evidente la fugacidad de la situación que estás viviendo. Y piensas: «Esto también pasará».

¿Hay otras formas de ampliar la perspectiva?

Cuando alguien entra en ese diálogo interno continuo, normalmente tiene ganas desahogar sus emociones con los demás. Se ha investigado bastante sobre las consecuencias de este proceso de descarga emocional. El encontrar a alguien con quien desahogarte te genera cercanía y conexión con la otra persona y se estrechan los lazos de amistad. Es reconfortante saber que hay alguien a quien le importas lo suficiente como para tomarse el tiempo de escucharte.

Pero, si todo lo que ocurre en ese diálogo es una repetición de lo que has vivido y de cómo te has sentido, en absoluto amplías tu perspectiva ni te replanteas la forma de abordar ese problema. Por lo tanto, cuando concluye la conversación sigues estando angustiado por el problema en cuestión.

Las mejores conversaciones sobre el diálogo o cháchara internos tienen dos ventajas. En primer lugar, te permiten expresar tus emociones. Hasta cierto punto, es importante compartir con otras personas lo que nos pasa. No quiero dar a entender que expresar nuestras emociones sea malo en todos los casos. No lo es. En segundo lugar, te ayuda a ampliar tu perspectiva.

Imaginemos que alguien se te acerca para contarte cómo se siente, qué le ha pasado y cómo lo está viviendo. En un momento dado, empiezas a animarle para que empiece a ver la situación desde una perspectiva más amplia. Podrías decirle algo así: «¿Cómo has gestionado este tipo de experiencias anteriormente?». O: «A mí me pasó algo similar y lo afronté así». Y también: «Si fueras mi mejor amigo, te diría que, ante tal situación, creo que debes actuar así». Haciendo este tipo de comentarios, intentas que la persona abandone esa visión del túnel oscuro.

Como director, líder de un equipo o compañero de trabajo, ¿cómo puedo saber que alguien mantiene un diálogo interno negativo y cómo puedo ayudarle a solucionarlo?

El proceso del que te he hablado antes puede resultar muy útil: hablando con esa persona de forma que pueda expresar sus emociones, pero también ayudándole a que vea la situación desde una perspectiva más amplia. En general, esto resulta más efectivo cuando alguien acude a ti explícitamente en busca de ayuda para manejar su cháchara interna. Sin embargo, si ves que alguien tiene problemas de este tipo pero no te ha pedido ayuda, ofrecérsela por iniciativa propia puede resultar peligroso.

Se ha escrito mucho sobre lo que ocurre si voluntariamente le ofreces ayuda a alguien que no te la ha pedido. Suele ser contraproducente, porque puede sentir que estás cuestionando la confianza en sí mismo y sus capacidades, la idea de que puede gestionar la situación por sí mismo.

En estos casos, lo que puedes hacer es intentar ayudarle de una manera *invisible*. Es decir, brindándole tu apoyo, pero sin que se note. En resumen, si ves a alguien que tiene problemas de cháchara, intenta quitarle hierro al asunto. En mi laboratorio, hay posdoctorados y licenciados, y todos ellos experimentan esa cháchara interna en algún momento. Si veo a un posdoctorado que está teniendo problemas serios con su redacción, puedo convocar a todo el grupo: «Mirad, os recomiendo el libro que me estoy leyendo sobre cómo escribir este tipo de artículos, porque me sirve de gran ayuda». Si hay una charla online o en la universidad, puedo decirles: «Mirad, vamos a ver esto y después lo comentaremos», aunque en realidad va dirigida a una persona en particular. Son formas de hacer llegar la información a esa persona de una manera que creo que puede ser productiva, pero sin focalizar en ella diciéndole «oye, no estás avanzando en esto y creo que necesitas esta ayuda». Son formas invisibles de apoyo que pueden resultar útiles cuando la gente no busca explícitamente tu ayuda.

ETHAN KROSS es profesor de psicología en la Universidad de Michigan. Ha estado años estudiando cómo las personas se hablan a sí mismas y las consecuencias que esta «cháchara interna» tiene en su rendimiento. Ofrece trucos y consejos para salir del pensamiento negativo y volver al camino correcto, especialmente en el trabajo. Es autor del libro *Chatter: The Voice in Our Head, Why It Matters, and How to Harness It*. ALISON BEARD es editor ejecutivo en la *Harvard Business Review*.

Adaptado de «Quit Overthinking Things», HBR IdeaCast, podcast, estación 16, episodio 790, 27 de abril de 2021.

5

Cómo los perfeccionistas pueden cambiar su forma de actuar

Alice Boyes

El perfeccionismo, como cualquier otra característica extrema, resulta ser un arma de doble filo. Por un lado, poner el listón muy alto y ser un trabajador obcecado puede hacer que una persona destaque por encima de las demás y que sus habilidades mejoren con el tiempo. Además, hasta cierto punto, el ser muy meticuloso puede ayudar a evitar errores.

Los beneficios que he mencionado y el miedo a que cualquier fallo se convierta en una catástrofe pueden mantener enganchadas a las personas en su mentalidad perfeccionista. Sin embargo, la obsesión por un rendimiento sin el más mínimo error también tiene desventajas significativas.

Si te cuesta deshacerte de tus tendencias perfeccionistas o tienes a tu cargo a una persona perfeccionista, te resultará útil recordar las formas en que los perfeccionistas pueden autosabotearse en el trabajo. A continuación, analizo cinco de ellas. Detectarás un patrón general: pierden de vista la situación global.

Cómo los perfeccionistas se ponen trabas a sí mismos

Por mucho que el perfeccionismo parezca una cualidad muy «útil», normalmente no lo es. No todos los perfeccionistas hacen las siguientes cosas, pero todas ellas son contraproducentes.

Tienen problemas para tomar decisiones o emprender acciones. Los perfeccionistas quieren elegir siempre la mejor opción, aunque no sea estrictamente necesario. Esto puede bloquearles a la hora de tomar decisiones. Por ejemplo, Bob quiere comprarse una herramienta para agilizar su trabajo, pero está obsesionado con encontrar una que no tenga ninguna reseña negativa. Está totalmente decidido, aunque lógicamente sabe que hasta los mejores productos reciben alguna opinión negativa y que los comentarios negativos que lee no son en realidad relevantes para el uso que él va a hacer de la herramienta. Sin embargo, como se ha impuesto a sí mismo este criterio de elección, tarda varias semanas en decidir qué comprar. Como resultado, ha perdido varias semanas de beneficios que le habría proporcionado el uso de la herramienta; además, las personas de su equipo lo ven como una persona indecisa y desorganizada.

Se preocupan en exceso por los costes irrecuperables. Como los perfeccionistas tienden a rumiar incluso los errores mínimos, se enfrascan intentando recuperar situaciones que implican costes irrecuperables. Por ejemplo, Andrea contrató un servicio que tiene una cuota mensual, pero no lo utiliza. Mantiene su subscripción y se propone obtener de ahora en adelante «el doble de valor» del servicio, para así recuperar emocionalmente el dinero que ha perdido pagando la cuota mensual durante varios meses sin utilizar tal servicio. Otro caso es el de Marcus, que se pasa diez minutos al teléfono para resolver un problema; está hablando con un agente del servicio de atención al cliente que, claramente, no tiene ninguna autoridad para solventarlo. No quiere colgar sin haberlo resuelto, así que permanece otros veinte minutos más enganchado al teléfono. Los perfeccionistas, antes de pasar a otro tema, pueden dedicar un tiempo excesivo a actividades que apenas son productivas.

Evitan los retos para evitar el fracaso. Los perfeccionistas quieren sentirse totalmente preparados antes de asumir nuevos retos. Esto puede derivar en que eviten oportunidades de ascenso o el desempeño de funciones directivas. Por ejemplo, Art piensa: «Antes de dar una conferencia, tengo que hacer un curso de oratoria», cuando en realidad no es necesario y no es algo que vaya a hacer en un futuro próximo. Como resultado, ha perdido una gran oportunidad.

Aplican sus estrictas normas a los demás. En general, los perfeccionistas tienden a aplicarse unos estándares extremadamente rigurosos solo a sí mismos, pero eso es algo que puede tener repercusiones cuando esperan que los demás se ajusten a sus normas. Suele suceder sobre todo en los proyectos de grupo, porque en el resultado final se reflejará la imagen del perfeccionista. Ranjay enojó a sus compañeros cuando les sugirió una serie de cambios de última hora en una presentación que estaban preparando; los cambios no eran importantes, pero estaban agotados y querían marcharse a casa, sentían que estaba abusando de ellos. Criticar a los compañeros o ser demasiado exigente con ellos puede dañar las relaciones y, a veces, hasta puede derivar en que el perfeccionista sea excluido socialmente, porque tratar con él resulta emocionalmente agotador.

No dejan de pensar en las debilidades, los errores y los fracasos. Una de las razones por las que los perfeccionistas intentan por todas las vías posibles evitar los pequeños errores es porque el cometerlos desencadena en ellos su tendencia a rumiar. Andrea no se quita de la cabeza el servicio de esa suscripción que no usa, y Ranjay no puede dejar de reprocharse lo descuidada que ha quedado esa presentación. La rumiación es pensar en exceso y en tono negativo sobre situaciones que ya han ocurrido —en contraste con la preocupación, que es pensar en exceso sobre situaciones que podrían ocurrir—. La rumiación intensifica el dolor emocional hasta el punto de que es desproporcionado frente a la situación. Causa irritabilidad y sentimientos de depresión y puede llegar a perjudicar tanto el rendimiento de una persona como sus relaciones.

Qué pueden hacer los perfeccionistas para cambiar su forma de actuar

Si al leer este artículo has pensado «ese soy yo», aquí tienes algunas soluciones prácticas para minimizar los inconvenientes de las tendencias perfeccionistas.

Aprende de tus éxitos. Si eres perfeccionista, es probable que la idea de aprender de los errores te resulte demasiado conflictiva y te lleve la rumiación. Una alternativa es aprender de tus éxitos. Reflexionando sobre los caminos que te llevaron al ellos serás capaz de reconocer que has llegado a una meta importante a pesar de no haberlo hecho todo a la perfección y de no haber tenido el éxito asegurado de antemano. A través de este proceso, entenderás que puedes beneficiarte de un enfoque «preparados, listos, ya», en el que ajustas los procesos y decisiones en función de la experiencia, en lugar de depender de un estudio y una deliberación exhaustivos.

También podrás identificar otros modelos y a compañeros no perfeccionistas pero exitosos, ¿cómo logran ser tan efectivos sin caer en el perfeccionismo? Observa qué hacen y aprende de ellos.

Desarrolla una heurística para agilizar la toma de decisiones y actuar. Las heurísticas, o reglas de oro, tienen el objetivo de tomar buenas decisiones la mayoría de las veces, pero no siempre. Ayudan a equilibrar los beneficios de una toma de decisiones más rápida frente a las mejoras marginales que podrías obtener si retrasaras tu actuación y siguieras pensando. Por ejemplo, a la hora de seleccionar un hotel para organizar un evento de trabajo, una heurística útil podría ser definir cinco requisitos que debe cumplir, y elegir el hotel que cumpla por lo menos con cuatro de estos cinco requisitos.

Para los perfeccionistas, las heurísticas son una magnífica manera de priorizar. Mi regla de oro es: «Haz los trabajos que valen más de 100 dólares antes que los trabajos que valen menos». Esto me ayuda a quitar prioridad a acciones poco productivas, como pasar media hora en una tienda para devolver un artículo de poco valor que ha salido deficiente cuando podría estar haciendo algo mucho más productivo.

Pregúntate «¿cómo puedo mejorar un 1%?». Este enfoque resulta popular y especialmente práctico si tiendes a complicar en exceso las soluciones a los problemas. Como los perfeccionistas quieren ser impecables, suelen desestimar las mejoras incrementales. Cuando busques cómo puedes mejorar tu comportamiento en un 1%, empezarás a ver que hay maneras de hacerlo mucho más fáciles de lo que imaginabas. Por ejemplo, alguien que sabe que es demasiado negativo, y que los demás lo consideran desalentador, podría empezar con la decisión de hacer algún comentario positivo en cada reunión. Es tanto una estrategia de mejora del 1% como un ejemplo de regla de oro.

Aprende estrategias para acabar con la rumiación. Es mucho más factible tolerar los errores y los defectos si sabes cómo frenar la rumiación. Fíjate en cuándo empiezas a darle vueltas a algo y pregúntate si te sirve de algo obsesionarte con ello. A menudo, parece que la rumiación solventa el problema, pero no es así. Si tus pensamientos entran en un bucle o si te das cuenta de que ese pensamiento excesivo te pone de mal humor, abandónalo.

Si eres consciente de los costes del perfeccionismo y de cómo este afecta a tu productividad, tu bienestar y tus relaciones —tanto en el trabajo como en el hogar—, puedes empezar a mitigar este hábito destructivo.

ALICE BOYES era psicóloga clínica y se pasó a la escritura. Es autora de *The Healthy Mind Toolkit*, *The Anxiety Toolkit* y *Stress-Free Productivity*.

Adaptado del contenido publicado en hbr.org,
2 de abril de 2018 (producto #H04910).

6

Deja de preocuparte por tomar la decisión correcta

Ed Batista

Gran parte de mi trabajo como coach consiste en ayudar a la gente a lidiar con una decisión importante. Algunas de estas decisiones parecen trascendentales porque implican elegir una opción y descartar todas las demás, cuando el coste de «equivocarse» puede ser considerable: *Si me encuentro en una encrucijada profesional, ¿qué camino debo seguir? Si estoy considerando diferentes ofertas laborales, ¿cuál debo aceptar? Si me piden un traslado de ciudad, ¿debo aceptarlo o no?*

Decisiones difíciles como estas me recuerdan un comentario que hizo Scott McNealy —cofundador de Sun Microsystems y consejero delegado de esa compañía durante veintidós años— en una conferencia a la que asistí cuando estudiaba en una escuela de negocios de Stanford. Le preguntaron cómo tomaba las decisiones, a lo que respondió: «Es importante tomar buenas decisiones, pero dedico menos tiempo y energía preocupándome por "tomar la decisión correcta", y mucho más tiempo y energía asegurándome de que cualquier decisión que tome sea acertada».

Estoy parafraseando, pero recuerdo perfectamente este comentario, y su mensaje está clarísimo. Es comprensible que, antes de tomar una decisión —sobre todo si es difícil volver atrás—, estés ansioso y concentrado tratando de identificar la «mejor» opción, por el riesgo de «equivocarte». Pero una consecuencia de tal estado mental es que sobrevaloramos el momento de la elección y perdemos de vista todo lo que viene a continuación. El mero hecho de seleccionar la «mejor» opción no garantiza que las cosas vayan a ir bien a largo plazo, de la misma manera que hacer una elección menos óptima no te condena al fracaso o a la adversidad. Es lo que ocurre *a posteriori* —en los días, meses y años siguientes— lo que, a fin de cuentas, determinará si una decisión ha sido, o no, «correcta».

Otro aspecto de esta dinámica es que la obsesión por tomar la decisión «correcta» te puede llevar fácilmente a la parálisis, porque las opciones entre las que tienes que elegir son difíciles de clasificar. ¿Puedes determinar de antemano qué trayectoria profesional será «la mejor», qué oferta de trabajo debes aceptar, o si has de mudarte al otro lado del país o quedarte donde estás? Obviamente, no puedes. Hay demasiadas variables a tener en cuenta. Pero, cuanto más anhelas una especie de algoritmo objetivo que clasifique tus opciones y decida por ti, más te alejas de los factores subjetivos —tu intuición, tus emociones, tu voz interior—, que, en última instancia, te llevarán en una dirección u otra. Así que te quedas bloqueado, esperando una señal, algo, que te indique el camino.

Creo que el camino para seguir avanzando cuando nos enfrentamos a una decisión difícil, y seguramente paralizante, está en las palabras de McNealy, e implica una reorientación fundamental de nuestra mentalidad: centrarte en la elección minimiza el esfuerzo que inevitablemente tendrás que hacer para que cualquier opción sea exitosa y disminuye tu sentido de autonomía y control. Por el contrario, centrarte en el esfuerzo que será necesario tras haber tomado una decisión no solo te ayudará a ver los medios por los que cualquier opción podría tener éxito, sino que también restaurará tu sensación de control y te recordará que, a pesar de que el azar juega un papel en cada resultado, tu verdadero poder se encuentra más en tus actividades cotidianas que en tus decisiones puntuales.

Así pues, aunque soy partidario de utilizar los datos disponibles para clasificar nuestras opciones a grandes rasgos, lo mejor en última instancia es evitar la parálisis por el exceso de análisis y seguir avanzando:

- Presta mucha atención a los sentimientos y emociones que acompañan la decisión que vas a tomar.
- Evalúa bien los motivos por los que quieres trabajar hacia el éxito de una opción determinada.
- Reconoce que, sea cual sea la opción que elijas, tus esfuerzos para lograr que salga bien serán más importantes que las conjeturas que te llevaron a elegirla.

Esta perspectiva concuerda con el trabajo del profesor de Stanford, Baba Shiv, experto en neurociencia de la toma de decisiones. Shiv señala que, en el caso de las decisiones complejas, el análisis racional nos acercará a una decisión, pero no a una elección definitiva, porque nuestras opciones implican intercambiar un conjunto de atractivos resultados por otro, y la complejidad de cada escenario impide determinar de antemano cuál será el resultado óptimo.

A partir del trabajo de Shiv han surgido dos descubrimientos clave. El primero es que una decisión exitosa es aquella que quien la ha tomado se mantiene firme en su resolución. Y el segundo es que las emociones juegan un papel crucial en determinar el resultado exitoso de una decisión comprometida. Como comentó Shiv en la revista *Stanford Business*, las emociones son «atajos mentales que nos ayudan a resolver los conflictos de equilibrio y [...] a comprometernos felizmente con una decisión». Ahondando más en el tema, Shiv señaló: «Cuando sientas un conflicto de equilibrio, lo mejor es que sigas tu instinto».

Esto no quiere decir que debas dejar que, simplemente, las emociones decidan por ti. Todos hemos tomado decisiones «emocionales» de las que luego nos hemos arrepentido, pero la investigación neurocientífica actual deja bien claro que las emociones brindan una importante información a la hora de tomar de decisiones, te ayudan a descartar opciones que probablemente te llevarían a un resultado negativo y a centrar tu atención en aquellas que tienen más probabilidades de tener un desenlace positivo. En concreto, una investigación del profesor Roy Baumeister, de la Universidad Estatal de Florida, y sus colaboradores, sugiere que una buena toma de decisiones está relacionada con tu capacidad para anticipar *futuros* estados emocionales: «No es lo que una persona siente en ese instante, sino lo que prevé que sentirá como resultado de un determinado comportamiento, lo que puede ser una guía poderosa y eficaz para elegir bien».

Por eso, cuando estás bloqueado o incluso paralizado ante una decisión, lo que necesitas es algo más que un análisis racional. Es necesario que te imagines vívidamente en un escenario futuro, entrar en contacto con las emociones que esto genera y evaluar cómo influyen esos sentimientos en tu nivel de compromiso con esa elección concreta. No siempre podrás tomar la decisión correcta, pero sí que podrás hacer que cualquier decisión sea la correcta.

ED BATISTA es coach ejecutivo e instructor en la Stanford Graduate School of Business. Escribe regularmente sobre temas relacionados con la formación y el desarrollo profesional en edbatista.com, y además colabora con la *HBR Guide to Coaching Your Employees*.

Adaptado del contenido publicado en hbr.org,
8 de noviembre de 2013 (producto #H00I44).

7

Cuándo tenemos que parar de deliberar y pasar a decidir

Thomas H. Davenport

Has tenido ideas nuevas, has reducido tus opciones y has analizado los datos disponibles. Has formulado las preguntas pertinentes para orientar tu elección. Y, sin embargo, por algún motivo, te cuesta tomar una decisión. ¿Qué te impide tomarla?

Tanto si has experimentado tú mismo esta indecisión como si has conocido a un líder o un directivo con este hábito, sabes que puede ser muy problemático —y potencialmente perjudicial— postergar la toma de decisiones. Tardar demasiado para elegir una opción puede ralentizar los negocios, frustrar a los empleados y hacer que se pierdan oportunidades cruciales. ¿Cuándo deberías tomar la decisión, sin más, en vez de seguir recabando datos o reflexionando?

Para saber qué es mejor en cada caso, tendrás que hacer un pequeño «análisis metadecisional», o lo que es lo mismo, decidir cómo decidir. Para decidir cuándo hay que tomar una decisión, hay que valorar su importancia, su urgencia y si se pueden utilizar algunos enfoques organizacionales de toma de decisiones para que la decisión sea más precisa y tenga más probabilidades de ser acertada.

Considera la importancia de tu decisión

El factor clave para determinar cuánto tiempo debe prolongarse el tomar una decisión es su relevancia. Las decisiones de poca trascendencia no deberían abarcar mucho tiempo. Por tanto, lo primero que tendrías que hacer para decidir cómo decidir es preguntarte a ti mismo, y a los demás si no confías en tu propio criterio, «qué impacto tendrá esta decisión». Si no va a conllevar una gran diferencia en tu vida o en tu negocio, simplemente decide y sigue adelante. De esta manera, podrás dedicar tu escaso tiempo y tu capacidad intelectual a decisiones que realmente importen.

Para decisiones más cruciales, hay dos buenas razones por las que deberías prolongar un poco el proceso de toma de decisiones. Una es para reflexionar, y la otra para recopilar información y analizarla. La reflexión —en especial, cuando quien ha de tomar una decisión puede recurrir al inconsciente— es una buena forma de determinar qué factores son los más importantes en una decisión compleja. Algunos observadores recomiendan consultar con la almohada una decisión después de haber revisado los factores clave que implica, pero también hay otras formas de involucrar al inconsciente. Descansar, jugar, meditar o incluso ducharse son buenos trucos para ello. En cualquier caso, reflexionar sobre una decisión no requiere mucho más tiempo adicional, un día o una noche deberían ser suficientes.

La otra buena razón por la que deberías prolongar un poco la decisión es para recopilar datos y analizarlos. Desde ya hace tiempo, existen pruebas que demuestran que las decisiones basadas en la información y su análisis son más precisas que las tomadas solo intuitivamente. Claro está que se necesita mucho tiempo para recopilar datos, y bastante más para analizarlos; pero si se trata de una decisión importante y existe información sobre ella, probablemente valdrá la pena plantear un enfoque de la toma de decisiones basado en datos, sobre todo si se va repetir en el futuro.

Determina con qué frecuencia se ha de tomar una decisión similar

Otro factor que va a influir en la rapidez con la que se ha de tomar una decisión es si va a repetirse y con qué frecuencia. Si es una decisión que se ha de tomar con frecuencia —por ejemplo, la fijación de precios, la reposición de inventarios o contrataciones—, puede merecer la pena invertir en un enfoque analítico. Las decisiones que se repiten a menudo tienden a generar datos; recopilar los datos de entrada y los resultados de la decisión posibilita crear un modelo que optimice los resultados positivos. La primera vez que se trate analíticamente una decisión, llevará tiempo recopilar y analizar los datos para crear un modelo; pero ese esfuerzo será muy rentable, ya que cada decisión posterior se tomará más rápidamente y con un alto grado de precisión.

Las decisiones que son al mismo tiempo importantes y poco frecuentes suelen ser bastante estratégicas. Por ejemplo, «¿Deberíamos cambiar nuestro modelo de negocio?» o «¿Deberíamos adquirir a nuestro mayor competidor?». Es posible recabar información relacionada con este tipo de decisiones, pero no la suficiente como para crear un modelo analítico. Es válido dedicar tiempo a este tipo de decisiones, pero después de haberlas considerado desde diversas perspectivas, no es probable que mejoren con el tiempo. Esperar demasiado puede significar perder una oportunidad.

Considera la posibilidad de comprar una opción

Si una decisión estratégica implica demasiada incertidumbre y, tras cierta deliberación, no consigues verla clara, un método para facilitar el proceso es comprar una opción que te permita obtener más información.

Las opciones son muy conocidas en el mundo de las inversiones, donde comprar una opción da al inversor el derecho a comprar fondos a un precio determinado en el futuro. En la toma de decisiones, eso quiere decir dar un pequeño paso para saber algo más antes de tomar una decisión que podría afectar significativamente a tu equipo o a la organización. Por ejemplo, en lugar de adquirir una empresa, comprar una opción podría ser crear una sociedad o invertir en la empresa una cantidad menor de lo que costaría la compra de la empresa en su totalidad. Comprar una opción como estrategia en la toma de decisiones facilita, al mismo tiempo que acelera, el proceso para tomar una decisión importante y produce un resultado mejor si el responsable de esa decisión aprovecha las oportunidades de aprendizaje que la opción le ofrece. Hay que tener en cuenta, por supuesto, que comprar una opción no debe ser nunca una excusa para evitar o retrasar acciones importantes que tu organización debe llevar a cabo.

Márcate un plazo para decidir

Por último, si te cuesta tomar una decisión, establece una fecha límite para tomarla. Podrás evaluar rápidamente este plazo cuando te enfrentes por primera vez a la decisión o después de haberla deliberado. Este es uno de los componentes fundamentales de tu análisis metadecisional, ya que la fecha límite marcada guiará muchos otros aspectos de tu planteamiento. Determina, por ejemplo, si puedes usar datos y análisis, si deberías implicar a más personas, si puedes estudiar más a fondo los temas e, incluso, si podrás consultarla con la almohada.

Varios de los métodos que he mencionado para mejorar la oportunidad de las decisiones sugieren un proceso organizativo para la toma de decisiones, en lugar de depender de planteamientos y caprichos individuales para cada decisión. Aunque una organización puede caer en excesos de burocracia para tomar decisiones, en general es conveniente no dejar las decisiones importantes totalmente en manos de los individuos, ni siquiera del director general. Una buena toma de decisiones solo se logra mediante el uso de métodos eficaces, un posterior análisis y reflexión sobre cómo mejorar. Marcar un plazo para decidir y controlar su duración son acciones que, por lo general, las organizaciones manejan mejor que los individuos.

Efectivamente, a veces es mejor tomar esa decisión, pero no a expensas de una reflexión sistemática sobre la mejor manera de hacerlo. Siguiendo estos pasos y decidiendo estratégicamente cómo decidir, verás que puedes salir de la indecisión que te paraliza y podrás avanzar.

THOMAS H. DAVENPORT es catedrático distinguido en tecnología y gestión de la información del Babson College, investigador visitante en la iniciativa del MIT sobre economía digital y asesor principal del departamento de Inteligencia Artificial de Deloitte. Es coautor de *All-in on AI: How Smart Companies Win Big with Artificial Intelligence* (Harvard Business Review Press, 2023).

Adaptado del contenido publicado en hbr.org,
9 de julio de 2019 (producto #H051AJ).

8

Cómo empezar a confiar en la intuición

Melody Wilding

Presentimiento, instinto, conocimiento profundo. Hay muchas palabras para referirse a las corazonadas o a la capacidad de comprender algo inmediatamente sin un razonamiento consciente. En otras palabras, las respuestas y las soluciones llegan a ti, pero no sabes exactamente ni cómo ni por qué.

En la era de Big Data, suele tener mala reputación confiar en tu instinto. La *intuición* —término empleado en investigación para referirse a las corazonadas— suele ser tachada de mística o poco fiable. Aunque es cierto que la intuición puede fallar, hay estudios que demuestran que acompañar las corazonadas de una reflexión analítica suele ayudarnos a tomar decisiones más rápidas, más precisas y mejores;

además, confiamos más en estas decisiones que en las que tomamos basándonos solo en el intelecto.[1] Esto es especialmente cierto cuando piensas en exceso o cuando no existe una única opción «correcta».

De hecho, encuestas realizadas a altos ejecutivos demuestran que la mayoría de los líderes confían tanto en su instinto como en su experiencia a la hora de gestionar las crisis. Incluso la Marina estadounidense ha invertido millones de dólares en ayudar a sus marinos y marineros a refinar su sexto sentido, precisamente porque la intuición puede superar al intelecto en situaciones de alto riesgo, como es el campo de batalla.

La ciencia que hay detrás de tus corazonadas

A pesar de lo que se dice, detrás de la intuición hay una profunda base neurológica. Con razón los científicos llaman al intestino «el segundo cerebro». Hay una inmensa red neural de 100 millones de neuronas que recubren todo el tracto digestivo.[2] Es una cantidad mayor de neuronas que las que se encuentran en la médula espinal, lo que apunta a la increíble capacidad de procesamiento del intestino.

Cuando abordas una decisión intuitivamente, tu cerebro trabaja en tándem con tu intuición para evaluar deprisa todos tus recuerdos, aprendizajes pasados, necesidades personales y preferencias y, a continuación, toma la decisión más sensata en función del contexto. Por tanto, la intuición es información emocional y experiencial que los líderes tienen que valorar.

Aunque no utilices tu intuición conscientemente, es probable que experimentes sus beneficios a diario. Todos sabemos qué se siente cuando tenemos un nudo en el estómago mientras consideramos una decisión. Es la intuición hablando alto y claro. Por ejemplo, si eres gerente, captar esa «lectura» de tus subordinados directos te permitirá detectar si están desmotivados y tomar medidas para reactivarlos. Del mismo modo, hacer un «examen visceral» del diseño de un producto puede orientar tu proceso creativo en la dirección adecuada.

Cómo aprovechar tu intuición en la toma de decisiones

Los líderes que se identifican como muy sensibles tienen intuiciones más fuertes que los demás, pero, quizá por ello, se les haya disuadido de utilizar esta información sensorial. El rasgo de la alta sensibilidad contribuye a percibir, procesar y sintetizar la información con agudeza, incluidos los datos del mundo emocional de los demás.[3] Esto significa que tienen una intuición más desarrollada que la mayoría de las personas, porque están siempre añadiendo información nueva a su banco de conocimientos sobre el mundo y sobre sí mismos. El único problema es que probablemente resten importancia a esta capacidad que poseen.

La buena noticia es que la intuición es como un músculo; es decir, se puede fortalecer si se practica intencionadamente. Aquí tienes algunos métodos para empezar a aprovechar tu intuición como una herramienta útil en la toma de decisiones.

Distingue el miedo de la intuición

El miedo tiende a ir acompañado de sensaciones corporales de constricción o retraimiento. Puedes sentirte tenso, asustado o desesperado. El miedo tiene una energía impulsora, como si intentaras forzar algo o seleccionar una opción para evitar una amenaza, un rechazo o un castigo. Además, el miedo tiende a estar dominado por pensamientos autocríticos que te instan a esconderte, conformarte o comprometerte.

La intuición, en cambio, irradia una energía de atracción, como si tu elección fuera avanzar hacia lo que más te conviene, aunque eso implique correr un riesgo o actuar más lentamente que los demás. Suele ir acompañada de sentimientos de entusiasmo y anticipación, o de tranquilidad y satisfacción. Físicamente, las corazonadas tienden a relajar el cuerpo.

Con la intuición, tu voz interior es más firme y sabia, como la de un buen mentor.

Empieza tomando decisiones triviales

Elige una opción que te guste sin sopesar demasiadas variables. Levanta la mano para hablar en una reunión sin autocensurarte. Emprender acciones rápidas y decididas que tengan pocas repercusiones hará que te sientas cada vez más cómodo usando tu intuición. Con esos pequeños pasos mitigarás la sensación de «pánico» y podrás poco a poco pasar a tomar decisiones más relevantes y difíciles con mayor confianza en ti mismo.[4] Este método es eficaz porque aumenta la tolerancia a la angustia; es decir, tu capacidad para controlarte emocionalmente frente a una situación incómoda.

Pon a prueba tus elecciones

Cuando empiezas a utilizar tu intuición, es posible que no sepas qué decisión tomar rápidamente. En lugar de pensar en exceso, haz un juego de rol. Durante dos o tres días, actúa como si hubieras elegido la opción A; por ejemplo, una oportunidad laboral en una industria nueva. Observa qué piensas y sientes. Después, durante dos o tres días, prueba con la opción B: es decir, permanecer en tu trayectoria profesional actual. Al final del experimento, haz balance de tus reacciones. Simular el resultado puede aportarte mucha información sobré qué quieres realmente y cuál es la decisión más apropiada para ti. También puedes probar lanzando una moneda al aire y viendo cómo te sientes con la respuesta que haya salido. Si sale cara significa rechazar un gran negocio, ¿sientes alegría y alivio? ¿O preocupación y temor?

Rellena el test del juicio rápido

Confiar en la cognición rápida, o *thin slicing*, puede hacer que tu cerebro tome decisiones sin pensar demasiado y fortalecer la confianza en tu instinto.

Rellena el «test del juicio rápido». Escribe en una hoja de papel una pregunta como «¿me hará feliz aceptar este ascenso?». Escribe «sí» o «no» debajo de la pregunta. Deja un bolígrafo cerca. Al cabo de unas horas, regresa al papel e inmediatamente haz un círculo en tu respuesta. Puede que no sea la respuesta que más te gusta, sobre todo si es una pregunta importante, pero es muy probable que te hayas obligado a responder con sinceridad.

Recurre a tus valores

Tus valores fundamentales representan lo que es más importante para ti. Entre estos valores pueden estar la libertad, la diversidad, la estabilidad, la familia y la tranquilidad. Imagínate que estás nervioso después de un largo día de trabajo en el que nada te ha salido bien. Tus valores fundamentales te ayudarán a identificar el origen de tu frustración y a entenderla con más claridad. Por ejemplo, uno de tus valores es la honestidad y lo que te está causando tensión es que no compartes tus verdaderos sentimientos sobre un tema importante. Utilizando tus valores, podrás averiguar qué es lo que no te gusta internamente y ampliar tu perspectiva sobre la situación.

Tómate un tiempo para reflexionar sobre cuáles son tus tres valores principales. La próxima vez que te cueste tomar una decisión, pregúntate a ti mismo: «¿Qué acción o decisión me acerca más a esos valores?». Ir hacia ellos te ayudará a disolver la tensión interna que te lleva a esos bucles mentales.

Por último, recuerda que la intuición no puede florecer en entornos ajetreados y estresantes. Da espacio a tu mente para divagar y conectar ideas. Aunque la intuición no es perfecta, sigue siendo una buena herramienta para tomar decisiones y quizá no estés aprovechándola lo suficiente en estos momentos. Prueba estas estrategias y, seguramente, te sorprenderá descubrir que tu instinto es más poderoso de lo que te imaginabas.

MELODY WILDING es coach ejecutiva y autora de *Trust Yourself: Stop Overthinking and Channel Your Emotions for Success at Work.*

Notas

1. G. Lufityanto, C. Donkin y J. Pearson, «Measuring Intuition: Nonconscious Emotional Information Boosts Decision Accuracy and Confidence», *Psychological Science* 27, n.º 5 (2016): 622-634: doi.org/10.1177/0956797616629403.
2. «The Brain-Gut Connection», Johns Hopkins Medicine: acortar.link/41MevC.
3. B. P. Acevedo, E. N. Aron, A. Aron, M. D. Sangster, N. Collins y L. L. Brown, «The Highly Sensitive Brain: An fMRI Study of Sensory Processing Sensitivity and Response to Others' Emotions», *Brain and Behavior* 4, n.º 4 (2014): 580–594, doi.org/10.1002/brb3.242.
4. Brigid Schulte, *Overwhelmed: Work, Love, and Play When No One Has the Time* (New York: Sarah Crichton Books, 2014).

Adaptado de «How to Stop Overthinking and Start Trusting Your Own Gut», en hbr.org, 10 de marzo de 2022 (producto #H06WHX).

9

Estrategias sencillas para no obsesionarse con los errores

Alice Boyes

¿Alguna vez te has puesto a reproducir mentalmente situaciones en las que te habría gustado actuar de otra manera? Desearías no haber dicho esa tontería. Desearías haberte ofrecido para llevar a cabo ese proyecto que ahora todo el mundo elogia. Desearías haber alzado la voz. Desearías no haber perdido a ese potencial cliente.

Pensar en exceso de esta manera es lo que se conoce como *rumiación*. Mientras la preocupación se centra en lo que podría ocurrir en el futuro, la rumiación pone el foco sobre algo que ha sucedido en el pasado. Una reacción de diálogo interno repetitivo ante un acontecimiento suele activar recuerdos de situaciones similares del pasado y una atención improductiva en la brecha entre el «yo real» y el «yo ideal». A raíz de este evento, empiezas a reprenderte por no ser más algo... organizado, ambicioso, inteligente, disciplinado o carismático.

La rumiación no solo es desagradable, sino que además está estrechamente relacionada con una baja capacidad para resolver problemas, la ansiedad y la depresión. La buena noticia es que hay soluciones eficaces para salir de este ciclo, y son más simples de lo que piensas.

Identifica cuáles son los desencadenantes más comunes. No puedes frenar la rumiación sin darte cuenta de qué estás experimentando, pero no siempre es fácil detectarla en uno mismo. Una excelente manera de mejorar en este sentido es reflexionando sobre qué te ha provocado la rumiación en el pasado. Tu lista podría ser parecida a esta:

- Colaborar con personas en las que no confías.

- Estar rodeado de personas que parecen más inteligentes o ambiciosas que tú.
- Dar un paso adelante en tu carrera profesional.
- Tomar decisiones financieras importantes.

Fíjate en si el patrón dominante de tu rumiación es culparte a ti mismo o culpar a los demás. La mayoría de las personas que piensan exceso repetidamente tienden a aplicar uno de estos dos modelos.

Mantén una distancia psicológica. A continuación, tendrás que establecer cierta distancia psicológica entre tú y las cosas sobre las que no paras de pensar. Pongamos por caso que te preocupa cómo te ven personas que en absoluto influyen en tu éxito, o que te obsesionas por cuadrar pequeñas cantidades de dinero, o que te ves como un fracasado a pesar de que, objetivamente, te está yendo muy bien. Una manera de empezar a crear esta distancia es etiquetando todo aquello que pasa por tu cabeza, como son los pensamientos y los sentimientos, una táctica descrita en este artículo como *agilidad emocional*. Así pues, en lugar de decir «soy un incompetente», deberías decir «me siento como si fuera un incompetente». Incluso podrías ser más desenfadado y decir «bah, mi mente empieza a rumiar de nuevo, recalentándose».

Reconocer lo absurdo de algunas de tus reacciones también puede ayudarte a tomártelas más a la ligera. Busca cualquier sutil señal de clasismo o egocentrismo oculta en tus cavilaciones. ¿Esperas que siempre salga todo como tú deseas? ¿Sueles creer que los otros te están analizando cuando, en realidad, lo que es más probable que estén haciendo es pensar en sí mismos? ¿Pasas tiempo comparándote con superestrellas o celebridades del mundo empresarial? El clasismo y el egocentrismo pueden indicar que tiendes a pensar que el mundo gira a tu alrededor. Si es posible, intenta encontrar el lado irónico de ser al mismo tiempo narcisista e inseguro, en lugar de verlo como un serio defecto tu carácter. Incluso puedes imaginarte una versión de ti mismo exageradamente neurótica, como si fueras un personaje televisivo. No se puede aplicar esta estrategia con todos los temas en los que piensas en exceso, pero escoge los que se pueden tratar de este modo.

Distingue la rumiación de la resolución de problemas. En ocasiones, la rumiación da lugar a ideas interesantes, pero la mayoría de las veces no es más que una forma de eludir un problema. En general, cuanto más rumiamos, menos eficaces somos para resolver problemas: o no estamos pensando en las soluciones, o no las buscamos con rapidez y eficacia. Por ejemplo, un estudio demostró que las mujeres que tienden a pensar en exceso tardan más de un mes en pedir atención médica tras haber detectado un bulto en su pecho. Para pasar del modo rumiación al modo mejora, pregúntate a ti mismo: «Dada esta situación, ¿qué es lo mejor que puedo hacer aquí y ahora?». Empieza por dar el primer paso, aunque no sea el mejor o el más adecuado. Esta estrategia es especialmente relevante para los perfeccionistas. Si no dejas de darle vueltas a un error que has cometido, haz algo para reducir las probabilidades de volver a cometerlo.

Entrena tu cerebro para que sea más disciplinado. En cuanto te des cuenta de que estás rumiando distráete unos minutos. Realiza alguna actividad corta que te absorba mentalmente pero que no sea demasiado difícil. Por ejemplo, dedica diez minutos a rellenar el informe de gastos. Procura que sea una actividad que te obligue a concentrarte. En algunas situaciones, es posible que lo único que tengas que hacer sea centrar tu atención en lo que se supone que deberías estar haciendo. Cuesta creer que algo tan simple te ayude a manejar un problema emocional tan complejo, pero lo cierto es que es una técnica sorprendentemente eficaz.

Una actividad física, como correr o caminar, también ayuda a calmar la mente. La meditación o el yoga son muy útiles para protegerte de esos pensamientos que se adhieren a tu mente y para aprender a no obsesionarte con ellos. Estas prácticas enseñan a detectar cuándo tu mente se ha desviado hacia el pasado o el futuro y a traerla de vuelta al presente —a menudo, a tu respiración u otras sensaciones en tu cuerpo o en el entorno—. Esta es una habilidad muy propicia para hacer frente a los momentos de rumiación.

Comprueba si hay errores en tu razonamiento. A veces, son los errores cognitivos los que provocan la rumiación. El dilema está en que, cuando estás rumiando, no es fácil detectar los pensamientos distorsionados, ya que estos nublan el pensamiento. La solución es, con el tiempo, en momentos de calma, desarrollar una buena comprensión de tus errores de pensamiento más comunes, para que seas capaz de reconocerlos incluso cuando estás emocionalmente alterado. Aquí tienes un ejemplo personal: a menudo, cuando leo un correo electrónico relacionado con el trabajo y me fijo en una o dos frases que me irritan o molestan, interpreto el tono general del mensaje como exigente o despectivo. Pero, ya que soy consciente de este patrón, he aprendido a no revivir mentalmente mis impresiones iniciales y, en lugar de eso, releo el correo electrónico después de un día de reflexión; normalmente, me percato de que había hecho una interpretación sesgada del mismo.

Otros errores cognitivos típicos son establecer expectativas demasiado altas, malinterpretar las expectativas de los demás, subestimar el grado en que otras personas inteligentes luchan contra lo que te preocupa, y hacer una montaña de un grano de arena. Si estás rumiando sobre el comportamiento de otra persona y le atribuyes una causa, al menos considera la idea de que tu explicación puede ser errónea e intenta aceptar que quizás nunca sabrás la verdad. Reconocer que, en muchos casos, no vamos a entender los motivos del comportamiento ajeno es una habilidad sumamente importante para reducir la rumiación.

La rumiación es un problema muy generalizado, del cual solo podrás salir siendo consciente de cuándo estás en ello y teniendo a mano algunas estrategias de resistencia. Esto requiere tiempo y esfuerzo, pero es importante —para tu salud mental y tu productividad— que intentes atajarlo de raíz. Por lo que, antes de caer en tu próxima espiral de «podría, debería y habría», aplica una o varias de estas estrategias.

ALICE BOYES era psicóloga clínica y se pasó a la escritura. Es autora de *The Healthy Mind Toolkit*, *The Anxiety Toolkit* y *Stress-Free Productivity*.

Adaptado de «How to Stop Obsessing Over Your Mistakes», en hbr.org, 25 de febrero de 2019 (producto #H04T7G).

10

Lograr más avances en el día a día

Kim Christfort y Suzanne Vickberg

¿Alguna vez te has sentido algo estancado? Quizá aceptase un trabajo porque pensabas que era perfecto para ti, pero ahora, seis meses más tarde, ves que la realidad es bastante diferente y te preocupa cómo se vería una renuncia en tu currículum. O, tal vez, tu equipo de trabajo esté tratando de resolver un problema serio, pero la solución viable que hay supera tus limitaciones. O quizá estés soñando con conseguir una nueva oportunidad laboral, pero dudas sobre si dejar o no la seguridad que te proporciona tu trabajo actual. O es posible que hayas intentado una y otra vez adoptar un nuevo hábito, pero siempre acabas cayendo en tus viejas costumbres. Sea cual sea tu reto particular, no podrás desbloquearte sin haber logrado un gran avance.

¿Qué es un gran avance?

A lo mejor, cuando escuchas la palabra *avance* (*breakthrough*), piensas en innovaciones merecedoras de un Premio Nobel o en descubrimientos espectaculares. Por definición, un avance ofrece una nueva perspectiva o supera un obstáculo para el progreso.

Pero la búsqueda de un avance no es solo cosa de inventores y científicos, sino de cualquiera que quiera pasar de «aquí» a «allí» pero no haya sido capaz de superar las barreras en el camino; de cualquier persona que lucha por crecer, transformar o resolver los problemas de una manera más creativa, tanto en su vida profesional como en la personal.

Llevamos décadas investigando y trabajando con líderes y equipos que se enfrentan a problemas aparentemente irresolubles. A través de nuestro trabajo, hemos observado que las personas a menudo tienen tendencia a pensar y comportarse de maneras que hacen que se mantengan estancadas, en lugar de lograr un gran avance. Algunos de estos comportamientos típicos son:

- Juzgar y descartar ideas nuevas sin dar la más mínima oportunidad para que se desarrollen y evolucionen.
- Hacer suposiciones y no cuestionar las ortodoxias que están bloqueando nuevas posibilidades.
- Estar tan preocupados por evitar errores y por el perfeccionismo que no están dispuestos a probar cosas nuevas por miedo al fracaso.

Sobre la base de nuestro trabajo realizado con distintos clientes, hemos podido identificar algunos cambios de mentalidad y comportamiento que las personas pueden implementar para salir de su estancamiento y lograr un gran avance.

Deja de autojuzgarte y empieza a silenciar al escéptico que llevas dentro

¿Cuándo fue la última vez que oíste decir a alguien, o lo dijiste tú mismo, que «esto no va a funcionar»? Suponemos que no fue hace mucho tiempo. En nuestro trabajo hemos visto que es muy habitual que la gente tenga esta reacción instintiva cuando se le presentan ideas nuevas. De hecho, algunas personas se enorgullecen de poder detectar los potenciales fallos de cualquier idea o propuesta.

Si eres una de esas personas que disfruta encontrando todos los defectos, podría beneficiarte hacer un cambio. Aunque tener una mirada crítica resulta muy útil a la hora de evaluar los pros y contras de un proceso, enfoque o solución, también es cierto que en las primeras etapas de explorar nuevas posibilidades esto puede obstaculizar la creatividad; sobre todo, si la crítica es despectiva u hostil en lugar de constructiva. Peor aún es la autocrítica —a lo mejor eres de los que piensas «no comparto mis ideas porque no son suficientemente buenas»—, porque te impide hacer aportaciones potencialmente valiosas.

Silenciar al escéptico que llevas dentro es dejar a un lado la incredulidad y asumir que todo es posible, dejando espacio para que las ideas tomen forma y germinen. ¿Quién sabe? A lo mejor una mala idea se convierte en una excelente idea si se le da una oportunidad.

La próxima vez que estés en una reunión de intercambio de ideas y tengas la tentación de detectar problemas, derribar ideas u ocultar las tuyas propias, párate a pensar qué pasaría si en lugar de eso expandieras, exploraras o te arriesgaras a compartir algo que no está del todo conceptualizado. En lugar de decir «esto no funcionará», prueba a decir «no estoy seguro de que esta idea vaya a funcionar, estudiémosla un minuto y veamos qué pasa».

Cuando tengas la tentación de apoyarte en lo que sabes, despójate de todo

A menudo trabajamos con líderes muy experimentados que son muy competentes en su terreno. No cabe la menor duda de han llegado tan alto gracias a sus conocimientos, pero también hemos observado que ser un experto en algo puede generar cierta estrechez de miras, un efecto conocido como *dogmatismo adquirido*.

Cuando una persona sabe mucho sobre un tema concreto, su pensamiento se puede volver rígido. A lo mejor no está abierta a nuevas posibilidades y no reconoce cuando está haciendo suposiciones o aferrándose a prácticas o dogmas que le frenan. Incluso en las primeras etapas de tu carrera, cuando todavía estás desarrollando tu propia experiencia, existe la posibilidad de que tus conocimientos se interpongan en el camino de lo que podrías descubrir. Por ejemplo, puede ser que domines un lenguaje de programación determinado y que creas que es el mejor para usar en la mayoría de las situaciones. O puede ser que tengas una experiencia laboral especial con un producto determinado y creas saberlo todo sobre su base de consumidores.

Si tienes un problema serio que resolver, tanto si hace referencia a algo en lo que está trabajando tu equipo como si se trata de un desafío relacionado con tu propia carrera, piensa en despojarte de todo. Aparta a un lado aquello que crees saber, cuestiona tus suposiciones y adopta una mentalidad de principiante. Para ello tendrás que sentir curiosidad y hacerte más preguntas a ti mismo y a los demás. ¿Por qué funcionan así las cosas? ¿Podrían funcionar de otra manera? ¿Qué suposiciones estoy haciendo? ¿Qué estoy pasando por alto? ¿Estoy resolviendo el problema adecuado?

Imaginemos, por ejemplo, que tu equipo está pensando en cómo aumentar las ventas de un producto que se anuncia en la web de la empresa. Te sientes cómodo porque es un tema que dominas y podrías enumerar todo lo que sabes sobre el producto, tus clientes y el tráfico de la web, pero empezar con lo que sabes podría llevarte en una dirección que limita tu forma de pensar sobre la cuestión y, en última instancia, sobre la manera de resolver el problema. En lugar de eso, da un paso atrás y mira si hay una perspectiva más amplia que no estés considerando, o si un enfoque diferente podría ser más valioso.

Podrías empezar planteándote estas cuestiones: «¿Por qué queremos aumentar las ventas de este producto? ¿Es este un objetivo prioritario para nosotros? ¿Y si, en vez de en este producto, nos centramos otro diferente? ¿O en una métrica alternativa, como es las ganancias por cada venta? ¿O en algo totalmente diferente, como la experiencia del cliente? ¿Es este el uso más valioso que podemos hacer de nuestros esfuerzos? En definitiva, ¿qué estamos intentando hacer y por qué?».

Si te das cuenta de que estás intentando ser perfecto, sé realista

¿Alguna vez has cometido un error? Puede parecer un poco estúpida esta pregunta, ya que no hemos conocido a nadie que pueda decir que no, ¿verdad? Y, sin embargo, estamos hartos de ver a líderes y a equipos dudando a la hora de admitir sus errores o de asumir riesgos que podrían acabar fracasando. Lo más común es que traten de aparentar que son perfectos. Pero, en realidad, si quieres innovar, transformar o crecer, el fracaso ha de formar parte del proceso. En general, tendrás que probar una cosa y luego otra que no funciona antes de encontrar la perspectiva más adecuada.

Hemos descubierto que intentar ser, o parecer, perfecto puede ser un obstáculo para lograr un cambio significativo si genera miedo al fracaso o te impide probar cosas nuevas. Quizá te interese un ascenso, pero dudas porque tienes miedo a que todo el mundo sepa que has sido rechazado. O tal vez quieras tener la oportunidad de presentarte a un cliente, pero te preocupa meter la pata. O crees que podrías proponer una gran solución a un problema, pero temes que al sugerirla se descubra cuánto te queda por aprender por ser novato. Si crees en el dicho «equivocarse es humano», sabrás que ser rechazado, meter la pata o revelar lo mucho que te falta aprender no te convierte en un fracasado, simplemente demuestra que eres una persona.

Para poner en práctica esta manera de ser realista, la próxima vez que cometas un error o que las cosas no salgan como esperabas, reflexiona durante un tiempo sobre lo que has aprendido o ganado y cómo esto es un paso más para lograr un gran avance. Incluso un movimiento en la dirección equivocada o un callejón sin salida pueden ser muy valiosos, porque ahora sabes algo que no funciona y puedes dedicar tu energía a algo que, a lo mejor, sí que funciona.

En cuanto sepas cuáles son las lecciones que has aprendido, compártelas con otra persona y pídele consejo o que comparta las lecciones que ha aprendido de sus errores. Este tipo de intercambio entre compañeros ayuda a normalizar la asunción de riesgos y la falta de perfección, al tiempo que ayuda a las personas a conocerse como seres humanos y a generar lazos de confianza.

Todos nos encontramos estancados de vez en cuando y, aunque parezca que haya fuerzas externas que nos obligan a quedarnos en el mismo lugar, muchas veces la culpa es de nuestros propios comportamientos. Libérate a ti mismo, analizando detenidamente cuánto estás juzgando, apoyándote en lo que sabes o queriendo ser perfecto. Y luego arriésgate a cambiar tu enfoque. Puede que descubras que, después de todo, un gran avance está a tu alcance.

KIM CHRISTFORT es jefa de innovación y directora nacional del grupo The Deloitte Greenhouse Experience, que ayuda a los ejecutivos a afrontar retos empresariales difíciles mediante experiencias de laboratorio inmersivas. Es la arquitecta y líder mundial del sistema de estilo de trabajo patentado de

Deloitte, Business Chemistry. **SUZANNE VICKBERG** es psicóloga social e investigadora jefa del grupo The Deloitte Greenhouse Experience. Centrada en la empatía integrativa y en la resolución creativa de problemas en el trabajo y en la vida, Suzanne forma a líderes y a equipos para idear nuevas posibilidades y crear culturas en las que prosperen los individuos. Es la autora principal del *Business Chemistry Blog* en Deloitte.com. Christfort y Vickberg son coautoras de dos libros: *Business Chemistry* y *The Breakthrough Manifesto*.

Adaptado de «What to Do When You Feel Stuck at Work»,
en hbr.org, 20 de marzo de 2024 (producto #H082N2).

Índice

Mis notas

Mis notas

Mis notas

Mis notas

Mis notas

Mis notas

Serie Inteligencia Emocional

Harvard Business Review

Esta colección ofrece una serie de textos cuidadosamente eleccionados sobre los aspectos humanos de la vida profesional. Mediante investigaciones contrastadas, cada libro muestra cómo las emociones influyen en nuestra vida laboral y proporciona consejos prácticos para gestionar equipos humanos y situaciones conflictivas. Estas lecturas, estimulantes y prácticas, ayudan a conseguir el bienestar emocional en el trabajo.

Con la garantía de **Harvard Business Review**

Participan investigadores de la talla de
Daniel Goleman, Annie McKee y **Dan Gilbert**, entre otros

Disponibles también en formato **e-book**

Solicita más información en revertemanagement@reverte.com
www.revertemanagement.com
@revertemanagement

LAS LEYES DIARIAS de ROBERT GREENE

Durante 25 años, Robert Greene ha ofrecido lecciones sobre aspectos humanos como el poder, la seducción, la estrategia y la psicología. "Las leyes diarias" recopila su sabiduría en 366 meditaciones, una para cada día del año, que abarcan temas como el liderazgo, la adversidad y la productividad, entre otros. Ryan Holiday se inspiró en este libro para escribir su bestseller "Diario para estoicos".

CÓMO CRIAR HIJOS CON FORTALEZA MENTAL de DANIEL AMEN

El Dr. Daniel Amen y el Dr. Charles Fay fusionan neurociencia, amor y lógica en este innovador libro sobre crianza. Proporcionan herramientas prácticas para abordar problemas de comportamiento, ayudando a los niños a ser responsables, resilientes y capaces de tomar buenas decisiones. Los padres aprenderán a fomentar la salud mental y el potencial de sus hijos.

LAS LEYES DE LA NATURALEZA HUMANA de ROBERT GREENE

Del autor de "Las 48 leyes del poder", bestseller del New York Times, llega la nueva obra de Robert Greene, que te ayudará a comprender el comportamiento humano. A través de ejemplos como Pericles y Martin Luther King Jr., Greene ofrece tácticas para desarrollar la empatía, dominar el autocontrol y ver más allá de las apariencias, promoviendo el éxito y la superación personal en diversas áreas de la vida.

EL LIBRO DE LOS ANIMALES Y SUS SECRETOS de DAVID B. AGUS

David B. Agus, autor bestseller del New York Times, explora cómo los animales pueden enseñarnos a vivir vidas más largas, saludables y felices. Ofrece consejos prácticos basados en la naturaleza para mejorar la salud y el bienestar. Esta guía motivadora y reveladora destaca la importancia de la investigación científica y cómo el mundo animal puede inspirarnos para comprender mejor la salud humana.

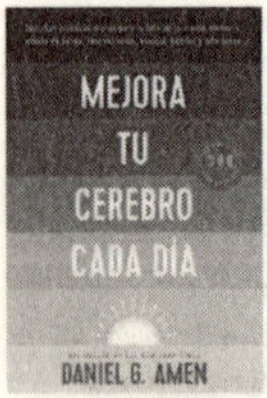

MEJORA TU CEREBRO CADA DÍA de DANIEL G. AMEN

366 prácticas diarias para mejorar tu cerebro, tu mente y tu vida. Daniel G. Amen, psiquiatra y neurocientífico con más de 40 años de experiencia, comparte hábitos diarios para mejorar el cerebro, potenciar la memoria y aumentar la felicidad. Estos hábitos promueven la gestión de la mente, la superación del estrés, la búsqueda de propósito y el aprendizaje para una vida saludable y exitosa.

INTELIGENCIA EMOCIONAL, 3ª EDICIÓN de HARVARD

La nueva edición revisada y ampliada, con información actualizada por Daniel Goleman y otros investigadores, ofrece herramientas para mejorar el bienestar y la satisfacción personal a través de la gestión emocional. Con un nuevo capítulo sobre el manejo del estrés y las conexiones emocionales en el trabajo, aprenderás a gestionar tus emociones y mejorar tus relaciones.

DIARIO PARA PADRES ESTOICOS de RYAN HOLIDAY

Del autor del bestseller 'Diario para estoicos', presentamos este nuevo libro, especialmente dirigido a aquellas personas interesadas en utilizar las valiosas enseñanzas y principios de la filosofía estoica en la crianza de sus hijos. 'Diario para Padres Estoicos' te brinda una perspectiva fresca y consejos prácticos para cada etapa del emocionante y desafiante viaje en la vida de tus hijos.

PALABRAS MÁGICAS de JONAH BERGER

"Palabras mágicas" nos enseña cómo las palabras que elegimos influyen en los resultados que deseamos lograr. Sumérgete en un fascinante viaje para descubrir el inmenso poder que las palabras y el lenguaje tienen sobre los resultados que quieres alcanzar en tu vida personal y profesional. Aprende a transformar tus habilidades de comunicación para lograr el éxito y alcanzar tus metas de manera efectiva y duradera.

TU MEJOR VERSIÓN EN 12 SEMANAS de SANJAY GUPTA

Una guía transformadora con un enfoque paso a paso para cambiar hábitos arraigados y mejorar nuestra calidad de vida. Al seguir estos consejos, podremos reducir la ansiedad, mejorar el sueño y aumentar la energía, la claridad mental y la resistencia al estrés. Esta guía esencial nos permite adoptar comportamientos saludables y experimentar una transformación en solo 12 semanas.

DIARIO PARA ESTOICOS de RYAN HOLIDAY

Una guía fascinante para transmitir la sabiduría estoica a una nueva generación de lectores y mejorar nuestra calidad de vida. Su Agenda es un complemento perfecto para una reflexión más profunda sobre el estoicismo, así como indicaciones diarias y herramientas estoicas de autogestión.

Disponibles también en formato **e-book.**

Solicita más información en revertemanagement@reverte.com
www.revertemanagement.com
@revertemanagement

Gracias

REM*life*